COLLECTION

DE

M. DE MONTCLOUX

Me EUGÈNE ESCRIBE
COMMISSAIRE PRISEUR

M. HORSIN DÉON
PEINTRE

RENOU ET MAULDE

IMPRIMEURS DE LA COMPAGNIE DES COMMISSAIRES-PRISEURS

Rue de Rivoli, 144

VENTE APRÈS DÉCÈS

CATALOGUE

DE

TABLEAUX

ANCIENS ET MODERNES

FORMANT LA

Collection de M. DE MONTCLOUX

Dont la Vente aura lieu

HOTEL DROUOT, SALLE N° 1

Les Lundi 27 & Mardi 28 Mai 1867

A DEUX HEURES

Par le ministère de Me **ESCRIBE**, Commissaire-Priseur,
rue Saint-Honoré, 217,
Assisté de M. **HORSIN DÉON**, Peintre, rue des Moulins, 15,
Chez lesquels se distribue le présent Catalogue.

EXPOSITIONS { PARTICULIÈRE : Le Samedi 25 Mai 1867 / PUBLIQUE : Le Dimanche 26 Mai 1867 } de 1 heure à 5 heures.

PARIS — 1867

CONDITIONS DE LA VENTE

Elle sera faite au comptant.

Les Acquéreurs paieront CINQ POUR CENT en sus du prix d'adjudication.

L'Exposition mettant les Acquéreurs à même de se rendre compte de l'état des Tableaux, il ne sera reçu aucune réclamation une fois l'adjudication prononcée.

La Collection dont nous donnons le Catalogue est celle d'un véritable Ami des Arts. Fils d'un ancien fermier général et employé supérieur des finances, M. de Montcloux, pour occuper ses loisirs, avait pris à cœur d'augmenter et de compléter une réunion de bons Tableaux qu'il tenait de sa famille dans laquelle l'amour du beau fut héréditaire. Il devint en peu de temps l'un des plus ardents de nos Amateurs, employant la plus grande partie de ses revenus à satisfaire son goût, ou plutôt, sa passion artistique. M. de Montcloux parvint ainsi à former une Collection d'Œuvres distinguées, des Écoles italienne, flamande et française, dont un grand nombre mérite l'empressement des Amateurs.

Aujourd'hui, pour obéir à ses dernières volontés, après avoir attendu le temps qu'il avait assigné pour le jour de l'enchère, nous donnons, sans en changer aucune des attributions, le Catalogue tel qu'il a été rédigé par lui, nous en remettant entièrement au jugement éclairé de Messieurs les Amateurs et Spéculateurs.

DÉSIGNATION

DES

TABLEAUX

ÉCOLE FRANÇAISE

BAPTISTE MONOYER

1 — Tableau emblématique.

Un vase est rempli avec profusion des fleurs les plus brillantes et les plus agréables, telles que roses de diverses couleurs, lis, jacinthes, pivoines, églantines, roses trémières, œillets et vingt autres encore, retombant en masses pittoresques et disposées avec un art infini. Il est posé sur un tombeau de forme antique dont le couvercle est déplacé. L'aubergine et le poivron poussent au pied de ce monument; derrière, se voient encore deux urnes sur lesquelles une draperie frangée d'or est jetée.

Deux inscriptions grecques se lisent sur ce tab'eau, d'une grande fraicheur de couleur et l'un des plus capitaux du maître.

BAPTISTE (Genre de)

2 — Vase de Fleurs.

BOILLY

3 — Petit Garçon en costume de Pierrot.

BONNINGTON

4 — Paysage, Figures et Animaux.

5 — Paysage avec Rivière. Ébauche.

BOUCHER (François)

6 — Pastorale.

BRUANDET

7 — Paysage et Figures.

CATRUFFO

8 — Paysage.

9 — La Mare.

CATRUFFO et AUGUSTE BONHEUR

10 — Paysage et Figures.

CHARDIN

11 — Nature morte.
Coq d'Inde et Accessoires.

COYPEL

12 — L'Hymen de Bacchus.

13 — Diane et Actéon.

DEMARNE

14 — Paysage et Animaux.

Une paysanne trait une vache à côté d'un berger qui joue de la flûte.

15 — Paysage et Animaux.

Une bergère garde des vaches dans un pâturage.

DEMAY

16 — Paysage et Animaux.

DIAZ (Genre de)

17 — Jeune Femme au bain.

18 — Paysage avec Figures de baigneuses.

DUPONT

19 — Tête de Chat.

FRAGONARD

20 — Enfants jouant avec des chiens.

GABE

21 — Marine.

22 — Marine.

23 — Marine.

24 — Marine.

GÉRICAULT

25 — Tête de Nègre.

26 — Chevaux.

GREUZE (J.-B.)

27 — Le petit Géomètre.

Il tient un crayon à la main et s'appuie sur une table où sont des papiers couverts de dessins géométriques. Son costume est blanc, sa chevelure blonde et ondoyante. Il réfléchit.

28 — Petite Tête de Jeune Fille.

29 — Id. Son Pendant.

30 — Tête de Jeune Fille avec des roses dans les cheveux.

31 — La Madeleine.

GREUZE (D'après)

32 — Le Baiser renvoyé. Pastel.

HOGUET

33 — Tableau de Salle à manger.

Vase de terre, fromage et potiron déposés sur une table de pierre.

LAJOUE

34 — Vue de Gênes.

LANCRENON

35 — L'Aurore.

LANCRET

36 — Récréation champêtre.

LARGILLIÈRE (Nicolas de)

37 — Portrait de la Comtesse d'Alençon.

Assise sur un nuage, son costume est d'une grande richesse : Sa robe est de satin jaune avec corsage blanc garni de mousseline, qui laisse ses bras et sa poitrine découverts. Des bracelets, une ceinture ornée de pierreries, un diadème dans ses cheveux poudrés terminent l'ensemble du costume de ce beau et gracieux portrait qui se complète encore par la présence d'un petit génie qui, près d'elle, est appuyé sur une urne.

38 — Portrait du Comte d'Alençon.

Debout et de grandeur naturelle, il est vu à mi-jambes et porte une cuirasse par-dessus son habit de velours bleu doublé de fourrure. Sa main gauche est appuyée sur le dos d'un fauteuil de velours d'Utrecht et la droite est posée sur une canne ; une large perruque encadre le visage agréable et souriant de ce personnage qui se détache sur un fond de paysage.

LEBAS

39 — La Pêche. Singerie.

LEBRUN

40 — La Mort d'Antoine.

LEDOUX (Mlle)

41 — Tête de Jeune Fille.

42 — Tête de Jeune Fille.

43 — Jeune Garçon. (Pastel).

PATEL

44 — Paysage avec Figures de danseurs villageois.

45 — Paysage avec Ruines.

46 — Id. Son Pendant. (Gouaches.)

PROVOST

47 — Du Raisin et un Oiseau.

48 — Vase de Fleurs.

RIOULT

49 — Mort du Chevalier d'Assas.

SCHEFFER (Ary)

50 — Un Girondin.

VALLIN

51 — Le Baiser de l'Amour.

INCONNU

52 — Jeune Dame appuyée à une fenêtre.

ÉCOLES ALLEMANDE, FLAMANDE ET HOLLANDAISE

A. E.

53 — Paysage-Marine.

ASSELYN (JEAN)

54 — Paysage.

55 — Id. Son Pendant.

56 — Paysage.

Ruines sur le bord d'une rivière. Soleil couchant.

BEGYN

57 — Paysage.

Sur le premier plan, un pont et vaches à l'abreuvoir.

58 — Paysage et Animaux.

BERGHEM (NICOLAS)

59 — Paysage et Animaux.

Sur le premier plan, une femme qui trait une chèvre. Un âne et des moutons.

60 — Le Passage du Gué.

BRAKENBURG (REINIER)

61 — La Fête des Rois.

BRAUWER (Adrien)

62 — Chirurgien de Village.

BREKELENKAMP (Quirin)

63 — L'Atelier du Tailleur.

Sur un établi, près d'une fenêtre, un tailleur travaille ainsi que deux apprentis. Près de la cheminée, une femme qui fait la cuisine et divers accessoires composent ce bon tableau.

64 — La Collation.

BREENBERG (Barthélemy)

65 — Paysage.

CAPEL (Van)

66 — Marine.

Mer calme, barque à l'ancre avec pêcheurs près d'une plage.

CARPENTERO

67 — Le Moulin à Vent.

Sur le premier plan, vaches, moutons, chèvres, chevaux gardés par des paysans.

COQUES (Gonzalès)

68 — Jeune Fille vêtue de rose.

69 — Réunion de Famille.

70 — Scène d'intérieur.

Dans l'intérieur d'un salon un bourgmestre et sa dame sont assis près d'une table sur laquelle est une petite fille. Trois autres enfants les entourent : l'un, un petit garçon, tient un faucon sur le poing, l'autre est une petite fille qui joue avec un chien, le troisième se voit sur les bras de sa nourrice, qui se tient respectueusement un peu en arrière.

CUYP (Albert)

71 — La Plage de Slevinghen.

La marée est basse, la mer calme, çà et là des bateaux de pêcheurs sont tirés sur la plage où se promènent de nombreux personnages de tous états. Beaucoup aussi de jeunes garçons se déchaussent pour affronter sans doute le flot pacifique et lui dérober quelques succulents coquillages.

72 — Paysage et Animaux.

Dans une prairie, une vache couchée, un vieux cheval debout, éclairés par un soleil couchant et se détachant sur un ciel nuageux. Au fond, un paysage avec canal s'étend jusqu'à un horizon lointain.

DYCK (Antoine van)

73 — L'Orage.

Surpris par l'orage, un cavalier et une dame se sont réfugiés dans une grotte où, tout occupés de tendres aveux, ils restent insensibles au déchainement de la tempête qui effraie leurs chevaux attachés près d'eux.

DYCK (École de Van)

74 — Portrait.

DIETRICH

75 — Portrait d'un Staroste.

76 — Vue du Rhin.

77 — Diogène.

DURER (Albert)

78 — Adam et Ève.

GOYEN (Jean van)

79 — Paysage avec Animaux dans un bac.

80 — Paysage.

81 — Id. Son Pendant.

GRIFF (Adrien)

82 — Tableau de Chasse.

Lièvre pendu à un arbre par une patte, perdrix, canard et divers oiseaux morts à terre gardés par un chien.

83 — Nature morte.

Lièvre et oiseaux divers.

84 — Repos de Chasse.

HAKKERT (Jean)

85 — Paysage avec Figures; Vue de Suisse.

HÉDA

86 — Un Dejeuner.

HERP (Van)

87 — Scène de l'Enfant prodigue.

HEUSCH (Guillaume de)

88 — Paysage boisé. Figures et Animaux.

HOBBEMA (Genre de)

89 — Paysage.

Maison rustique et figures.

HOLBEIN

90 — Portrait de Docteur.

HUYGHENS (Signé)

91 — Fruits.

Pêches et chataignes à terre.

JORDAENS

92 — Cléopâtre.

KAREL DUJARDIN (Attribué à)

93 — Passage du Gué.

KLOMP (Albert)

94 — Paysage et Animaux.

Deux vaches, l'une debout, l'autre couchée, un taureau, deux moutons dans une prairie ; une femme près d'une vache, et au fond un village.

95 — Paysage et Animaux.

Vaches, chèvres ; au fond, une ville.

(Pendant du précédent.)

KONING

96 — Le Pédicure.

MAES (Nicolas)

97 — La Dentellière.

98 — Vieille Femme au Rouet.

METZU (Signé)

99 — La Cuisinière.

MIERIS (G.)

100 — Buveur et Fumeur assis près d'une table.

101 — Le Malicieux.

MOOR (Carle de)

102 — Une Cantine.

Trois soldats sont attablés; près d'eux, un enfant et un chien.

103 — Dames et Gentilshommes dans l'intérieur d'un appartement.

NEER (Van der)

104 — Paysage; Soleil couchant.

105 — Paysage ; Soleil levant.

OMMEGANCK

106 — Paysage.

Sur le premier plan, moutons et chèvres, femme qui file.

OMMEGANCK

107 — Retour du Marché.

108 — Paysage et Animaux.

OSTADE (École de)

109 — Bonne Vieille lisant.

OSTADE (Genre de)

110 — Les premiers Pas de l'Enfant.

111 — Buveur.

OSTADE (Isaac)

112 — Buveurs et Fumeurs.

PÉTERS (Bonaventure)

113 — Marine; Mer agitée.

POELENBURG (Corneille)

114 — Paysage montagneux.

Tobie et l'Ange sur le premier plan.

115 — Paysage avec Ruines.

Les disciples d'Emmaüs sur le premier plan.

116 — Baigneuses sous une grotte.

REMBRANDT (École de)

117 — Tête de Vieux Juif.

118 — Bourgmestre. (Son Pendant).

ROMBOUTS (Th.)

119 — Paysage.

Chaumière sur un tertre.

ROTTENHAMER (Jean)

120 — Diane.

RUBENS (P.-P.)

121 — La Chûte des Anges.

Saint Michel et les archanges foudroient les mauvais anges et les précipitent dans l'enfer.

122 — Le Crucifiement.

123 — Mutius Scœvola.

124 — Chasse au Lion (Grisaille, Esquisse).

RUYSDAEL (Jacques)

125 — La Cascade.

Elle occupe le centre du tableau, tombant avec fracas entre des rochers informes et roulant sur le premier plan ses masses écumantes qui entraînent dans leur course impétueuse de vieux arbres déracinés et arrêtés au milieu du bouillonnement capricieux de ses eaux jaillissantes.

RUYSDAEL (Jacques)

126 — La Cascade.

Paysage, vue de Norwège.

127 — Un Moulin.

RUYSDAEL (Salomon)

128 — Paysage ; Effet de lune.

129 — Paysage avec Figures.

SCHILFHUT

130 — Paysage ; Canal glacé.

SLINGELAND

131 — Le Chanteur. Intérieur rustique.

STEEN (Jean)

132 — La Consultation.

Un docteur tâte le pouls d'une jeune femme souffrante, assise, le coude appuyé sur un oreiller placé sur une console en bois sculpté. Une femme derrière elle semble donner quelques explications sur la maladie au docteur qui sourit d'une manière goguenarde. Une porte ouverte donnant sur une terrasse, un lit, un réchaud en terre, une chaufferette sous les pieds de la malade. Telle est la composition de ce charmant petit tableau.

133 — L'Homme à la Vessie.

STRY (Van)

134 — Paysage.

Des vaches s'abreuvant dans une mare sont gardées par un pâtre.

SWANEVELT (Herman)

135 — Paysage et Figures.

136 — Paysage avec Rivière et Animaux.

TENIERS (David)

137 — Tentation de Saint Antoine.

TERBURG (École de)

138 — L'Accouchée.

UDEN (Lucas van)

139 — Paysage.

140 — Id. Son Pendant.

VELDE (Adrien van den)

141 — Paysage et Animaux avec Bergère se lavant les pieds.

VRIES (Van de). Signé

142 — Paysage.

Au bord d'un canal, une maison rustique et pittoresque couverte de chaume et abritée d'arbres qui se détachent sur un ciel nuageux ; deux figures de paysans, une barque et des canards animent ce bon tableau.

V. D. 1662.

143 — Paysage, Figures et Animaux.

WEENIX (J.-B.)

144 — Le Retour.

Dans un parc, une jeune femme agenouillée près d'un enfant couché à terre dans des draperies de satin, le présente à un jeune homme en costume de voyage. Près d'eux, un nègre tient un parasol qu'il s'apprête à ouvrir.

WEENIX (Le Père)

145 — Un Reître allemand.

WOUWERMANS (Philippe)

146 — Halte de Cavaliers.

WOUWERMANS (Pierre)

147 — Halte de Chasse.

WULFRAAT

148 — Paysage, Animaux et Figures.

WYNANTS (D'après)

149 — Paysage et Chaumière.

ZORG

150 — Intérieur de Cuisine.

ÉCOLE ITALIENNE

ANDRÉ DEL SARTE (Attribué à)

151 — Sainte Famille.

CANALETTO

152 — Vue de Venise.

CANO (Alonzo)

153 — Vierge.

CARRACHE (A.)

154 — La Vierge tenant le Christ mort sur ses genoux.

CARRACHE (Louis)

155 — La Charité chrétienne.

CARRACHE

156 — L'Amour et l'Amitié.

CORRÉGE (Allegri)

157 — Mariage de Sainte Catherine.

Ce tableau, peint sur toile fine de Parme, est incontestablement une répétition de la célèbre peinture de notre Musée. En voici les provenances : il paraît qu'il aurait été fait pour l'église des Antonins de Parme, et aurait passé de là chez les ducs de Mantoue. Charles Ier le fit acheter par le duc de Buckingham pour la galerie de White-Hall, avec 81 autres tableaux appartenant à ces princes. A la mort du roi Charles, le Parlement ayant ordonné la destruction des tableaux papistes exposés dans cette galerie, les uns furent brûlés, les autres furent vendus clandestinement; et quoique plus tard Cromwel ait régularisé la vente, plusieurs tableaux disparurent dans le premier désordre. De ce nombre fut le Mariage de sainte Catherine des ducs de Mantoue, lequel devint ensuite la propriété d'un fermier général, M. de Montcloux, dans la famille duquel il est encore.

DOMINIQUIN

158 — La Vierge, l'Enfant Jésus et deux Saints.

Marie, tenant son fils bienaimé sur ses genoux, est assise sur un trône élevé qu'entourent des anges qui chantent ses louanges en s'accompagnant sur des instruments divers.

Saint Jean, qu'inspirent ces chants et saint Augustin en adoration, sont agenouillés au pied du trône.

159 — Paysage, Figures et Animaux.

GUERCHIN

160 — La Charité chrétienne.

GHIRLANDAJO

161 — Sainte Famille.

La Vierge, assise, tient sur ses genoux l'Enfant Jésus qui se penche pour recevoir les caresses de saint Jean que la Vierge attire de la main gauche. Elle tient un livre ouvert dans la main droite. Fond d'architecture et paysage.

LUCA GIORDANO

162 — Les quatre Parties du Monde.

MURILLO

163 — La Vierge et l'Enfant.

MURILLO (École de)

164 — Deux Enfants du Peuple.

RICCI (Sébastien)

165 — Femme âgée jouant de la vielle.

SASSO-FERRATO

166 — Vierge en prière.

Les mains jointes, les regards doucement abaissés, la Vierge est vue en buste; une draperie blanche qui couvre sa tête est croisée sur sa poitrine; un manteau bleu se drape sur ses épaules. Une grande finesse d'exécution, une harmonieuse couleur recommandent cette charmante figure des meilleures du maître.

SASSO-FERRATO (Genre de)

167 — Vierge.

SÉBASTIEN DEL PIOMBO

168 — Le Pape Jules II.

TRÉVISANI

169 — Enlèvement des Sabines.

170 — Peste des Philistins. (Son Pendant).

VÉLASQUEZ

171 — Portrait d'Homme. (Buste).

Il est coiffé d'une barette noire; ses cheveux sont courts, sa barbe et ses moustaches grises. Il tient un livre entr'ouvert. Son justaucorps est noir, avec col blanc rabattu.

172 — Tête de Christ.

173 — Sous ce numéro, les Tableaux non catalogués.

Renou et Maulde, Imprimeurs de la Compagnie des Commissaires-Priseurs, rue de Rivoli, 144. 3753

CARTE D'ENTRÉE

COLLECTION

DE

M. DE MONTCLOUX

TABLEAUX ANCIENS

Exposition les ***Mercredi*** *22 et* ***Jeudi*** *23* ***Mai****, de 1 heure à 6 heures*

BOULEVART MONTMORENCY, 21 (PASSY-AUTEUIL)

Et Exposition particulière, Hôtel Drouot, Salle N° 1

Le Samedi ***25*** ***Mai****, de 1 heure à 5 heures*

Me ESCRIBE,
Commissaire-Priseur

HORSIN-DÉON.
Expert

3753 Imp. Renou et Maulde.

www.ingramcontent.com/pod-product-compliance
Ingram Content Group UK Ltd.
Pitfield, Milton Keynes, MK11 3LW, UK
UKHW020533180726
13839UKWH00005B/2476